8° Z
4,1024

XÉGÈSE BIBLIQUE

ET

Symbolique Chrétienne

PAR

Louis MÉNARD

Docteur ès-lettres

PARIS

LIBRAIRIE DE L'ART INDÉPENDANT

11, RUE DE LA CHAUSSÉE-D'ANTIN, 11

—

Tous droits réservés

—

1894

A LA MÊME LIBRAIRIE

LA HAUTE SCIENCE

Revue documentaire de la

TRADITION ÉSOTÉRIQUE

ET DU

SYMBOLISME RELIGIEUX

PARAIT LE 27 DE CHAQUE MOIS

La « HAUTE SCIENCE » publie :

Le **Zohar**, traduit de l'hébreu ; L'**Upanishad du grand Aranyaka**, traduite du sanscrit par A. Ferd. Herold ; Les **Hymnes de Proclos,** traduits du grec par Louis Ménard ; L'**Ascension d'Isaïe**, apocryphe traduit de l'éthiopien par René Basset ; Le **Livre de Jamblique sur les Mystères**, traduit du grec par Pierre Quillard ; des textes magiques traduits du chaldéo-assyrien par A. Laurent, etc.

Prix de l'abonnement :

Un an, pour toute la France . . . . . **15 fr. »**
Un an, pour l'étranger (Union postale) . **16 fr. »**

Tous les abonnements partent de janvier pour finir en décembre

La HAUTE SCIENCE n'est pas vendue au Numéro

Les mandats ou chèques, sur Paris, doivent être enregistrés à l'ordre du Directeur de la LIBRAIRIE DE L'ART INDÉPENDANT.

Saint-Amand, Cher. — Imprimerie DESTENAY, Bussière Frères

EXÉGÈSE BIBLIQUE

ET

Symbolique Chrétienne

EXÉGÈSE BIBLIQUE

ET

Symbolique Chrétienne

PAR

Louis MÉNARD

Docteur ès-lettres

PARIS

LIBRAIRIE DE L'ART INDÉPENDANT

11, RUE DE LA CHAUSSÉE-D'ANTIN, 11

—

Tous droits réservés

—

1894

BIBLIOTHÈQUE NATIONALE
R.F.
IMPRIMÉS

Exégèse Biblique

et

Symbolique Chrétienne

Leçon professée au cours de l'Hôtel de Ville

Par Louis MÉNARD, Docteur ès-lettres,

On donne le nom d'Exégèse biblique à l'étude critique des textes de l'Ancien et du Nouveau testament. Les premiers essais d'exégèse biblique remontent au Traité théologico-politique du philosophe juif Spinosa ; mais le véritable fondateur de cette science, si négligée en France, et en général dans les pays catholiques, fut un catholique français, Richard Simon, prêtre de l'Oratoire. « Spinosa, dit M. Renan, fut le Bacon de l'Exégèse ; il entrevit une méthode qu'il ne pratiqua pas avec suite : Simon en fut le Galilée ; il mit résolument la main à l'œuvre, et avec un surprenant génie, éleva d'un seul coup l'édifice de la science sur des bases qui n'ont pas été ébranlées ». L'ouvrage de Richard Simon intitulé *Histoire critique du Vieux Testament*, fut détruit par ordre de Bossuet, qui est fort durement traité par M. Renan à ce propos :

« La rage du rhéteur contre l'investigateur

1

qui vient déranger ses belles phrases éclata comme un tonnerre. Esprit étroit, ennemi de l'instruction qui gênait ses partis pris, rempli de cette sotte prétention qu'a l'esprit français de suppléer à la science par le talent, indifférent aux recherches positives et aux progrès de la critique, Bossuet en était toujours resté, en fait d'érudition biblique, à ses cahiers de la Sorbonne... Pour être juste, on doit ajouter que Bossuet n'était en tout ceci que le représentant de l'Eglise de France, et en quelque sorte le fondé de pouvoir de tous les défauts de l'esprit français. L'Eglise gallicane donna en cette occasion la mesure de sa médiocrité intellectuelle, de sa paresse pour la recherche, de son incurable pesanteur. Le coup fut décisif. Bossuet, assisté par La Reynie, tua les études bibliques en France pour plusieurs générations. Bientôt, la révocation de l'Edit de Nantes enleva le seul aiguillon qui donnât encore quelque activité scientifique au clergé catholique. La lutte des deux partis produisait de fortes études. Désormais la paresse l'emporte. La France verse absolument du côté de la littérature. L'Académie française et les gens du monde font la loi ; la science perd toute autorité. La France devient une nation composée de conservateurs nigauds et de spirituels étourdis ».

Voltaire est presque aussi maltraité que Bossuet par M. Renan ; car si l'un avait essayé d'étouffer l'Exégèse à sa naissance, l'autre en fit une arme de combat dans la lutte des partis.

Pour l'école allemande, à laquelle M. Renan tient à se rattacher, le tort de Voltaire est de faire de la science sans pédantisme : « Je ne dis pas qu'au milieu de tout ce radotage, étincelant d'esprit, qui remplit le *Dictionnaire philosophique* et l'*Essai sur les mœurs*, il n'y ait des détails traités avec bon sens ; mais rien n'est déduit d'une manière savante, les questions sont mal posées, ce sont des à peu près de conversation, des vues rapides d'homme du monde, parfois justes, parfois hasardées, jamais fondées sur de solides recherches. L'auteur a raison fort souvent, mais le ton général est mauvais. Hâtons-nous d'ajouter que ces fades plaisanteries, ce ton narquois, ces hypocrites protestations, ces traits à la dérobée, étaient la conséquence de l'intolérance du temps. Les seuls qui n'aient pas le droit de s'en plaindre sont les orthodoxes ; on avait rendu la franchise et le sérieux impossibles ; on récoltait ce qu'on avait semé. Après tout, ce n'est pas à nous qu'il appartient ici d'être sévères. Si Voltaire a fait de la pauvre exégèse, c'est grâce à lui que nous avons le droit d'en faire de la bonne ».

A travers les sarcasmes de M. Renan contre Voltaire, on voit qu'il finit par lui rendre justice ; mais il le fait de mauvaise grâce et il a tort. Comme Voltaire, M. Renan a trouvé moyen de rendre la science profitable au public en lui donnant une forme littéraire. C'est lui qui force aujourd'hui tous ceux qui s'intéressent aux

questions religieuses, à se placer sur le terrain
de l'exégèse biblique, et son style a plus contri-
bué à ce résultat que la lourde érudition des Al-
lemands. La science de M. Renan sera contes-
tée en Allemagne, où on trouve léger tout ce qui
n'est pas lourd, mais son succès en France, il le
doit moins à ses idées qu'à la manière dont il
les exprime : la littérature n'est donc pas aussi
méprisable qu'il le dit. Au reste, malgré sa
mauvaise humeur contre l'esprit français,
M. Renan a la bonne foi de reconnaitre que la
France, qui avait eu la gloire de fonder l'exégèse
biblique, eut encore l'honneur de lui imprimer
une direction féconde, dont la génération sui-
vante a su tirer profit. Jean Astruc, médecin
français, publia en 1743 un essai intitulé :
*Conjectures sur les mémoires originaux dont il
paraît que Moyse s'est servi pour composer le livre de la Genèse.* On voit par ce titre qu'Astruc
attribuait ou faisait semblant d'attribuer à Moyse
la rédaction du Pentateuque, selon une opinion
qui était générale de son temps. Mais il essaya
de montrer que Moyse, en composant la Genèse,
n'a fait que partager par morceaux les mémoires anciens qu'il avait entre les mains et les met-
tre bout à bout. Il prouve sa thèse par les répé-
titions et les contradictions, par les dates inter-
verties, et surtout par l'alternance du nom du
Dieu des Juifs, que la Bible appelle tantôt
Elohim, tantôt Iahweh. (On prononçait alors
Jéhovah).

La distinction entre les éléments iahwistes et les éléments élohistes est restée le point de départ le plus solidement établi de toutes les recherches des savants. Astruc ne l'avait appliquée qu'à la Genèse : Michel Nicolas l'applique à tout le Pentateuque et considère ces deux noms de Dieu comme représentant deux tendances religieuses très différentes. Il admet l'existence de deux ouvrages, l'un iahwiste, l'autre élohiste ; des documents plus anciens, par exemple des généalogies, des chants populaires, des recueils tels que le *Livre du Juste* et le *Livre des guerres d'Iahweh*, ont été mis à profit par les auteurs de ces deux ouvrages, qui furent réunis et enchevêtrés l'un dans l'autre à une époque où l'antagonisme des deux tendances religieuses était déjà oublié. On peut, pour la rédaction finale du Pentateuque, descendre jusqu'à Esdras. Les conjectures de Michel Nicolas sur l'antiquité relative des documents élohistes et iahwistes, sur leur origine éphraïmite ou judéenne, ont trouvé des contradicteurs parmi les savants, mais on s'accorde à reconnaître que le Pentateuque est formé d'éléments hétérogènes, rédigés à différentes époques, et que les traditions recueillies dans la Bible appartiennent, les unes aux Israélites du Nord, les autres aux Judéens. On admet en outre qu'il y a une distinction à faire entre plusieurs documents élohistes dont le principal, inséré presque en entier dans la Bible, est généralement désigné sous le titre de

Livre des origines. L'auteur de ce livre appartenait à la caste sacerdotale, tandis que les documents iahwistes représentent l'esprit et les tendances des prophètes.

Cosmogonie élohiste.

La diversité des traditions d'où est sortie la Bible se manifeste dès la première page par la juxta-position de deux cosmogonies différentes. Le Créateur s'appelle dans l'une Elohim, dans l'autre Iahweh. Le récit élohiste de la création forme le premier chapitre et les trois premiers versets du second chapitre.

« Au commencement, Dieu (Elohim) créa les cieux et la terre. Et la terre était déserte et vide, et les ténèbres couvraient l'abîme et le souffle de Dieu planait sur les eaux. Et Dieu dit : Que la lumière soit, et la lumière fut. Et Dieu vit que la lumière était bonne, et Dieu sépara la lumière des ténèbres, et il appela la lumière jour, et les ténèbres il les appela nuit. Et il y eut soir, et il y eut matin. Premier jour.

« Et Dieu dit : Qu'il y ait un plafond entre les eaux pour les séparer les unes des autres. Et Dieu fit le plafond et sépara les eaux supérieures des eaux inférieures. Et il en fut ainsi. Et Dieu nomma le plafond cieux. Et il y eut soir, et il y eut matin. Second jour.

« Et Dieu dit : Que les eaux au-dessous des cieux se réunissent en un seul lieu et que le sec apparaisse. Et il fut ainsi. Et Dieu nomma le sec terre, et l'amas des eaux mer. Et Dieu vit que cela était bon. Et Dieu dit : que la terre fasse germer l'herbe, la plante portant graine, l'arbre fruitier donnant, selon son espèce, du fruit ayant en lui sa graine sur la terre. Et il fut ainsi, et la terre produisit de l'herbe, des plantes portant graine selon leur espèce et des arbres donnant du fruit ayant en lui sa graine selon son espèce. Et Dieu vit que cela était bon. Et il y eut soir, et il y eut matin. Troisième jour.

« Et Dieu dit : Qu'il y ait des flambeaux au plafond des cieux pour séparer le jour de la nuit, et qu'ils servent de signes pour les époques et les jours et les années, et de flambeaux au plafond des cieux pour éclairer la terre. Et il fut ainsi. Et Dieu fit les deux grands flambeaux, le grand flambeau pour régler le jour, le petit flambeau pour régler la nuit, et les étoiles. Et Dieu les mit au plafond des cieux pour éclairer la terre et gouverner le jour et la nuit et séparer la lumière des ténèbres. Et Dieu vit que cela était bon. Et il y eut soir et il y eut matin. Quatrième jour.

« Et Dieu dit : Que les eaux fourmillent d'une multitude d'animaux vivants et que les oiseaux volent au-dessus de la terre, à la face du plafond des cieux. Et Dieu créa les grands cétacés et toute âme vivante et rampante dont les eaux fourmillent, selon leurs espèces, et tous les oiseaux ailés selon leur espèce. Et Dieu vit que cela était bon. Et Dieu les bénit en disant : Croissez et multipliez-vous et remplissez les eaux dans les mers, et que le volatile se multiplie sur la terre. Et il y eut soir et il y eut matin. Cinquième jour.

« Et Dieu dit : Que la terre produise chaque âme vivante selon son espèce ; le bétail, le reptile et les bêtes de la terre selon leur espèce Et il fut ainsi. Et Dieu fit les bêtes de la terre selon leur espèce et le bétail selon son espèce, et tout ce qui rampe sur la terre selon son espèce. Et Dieu vit que cela était bon. Et Dieu dit : Faisons l'homme à notre image, selon notre ressemblance, et qu'il domine sur les poissons de la mer et les oiseaux des cieux et le bétail, et sur tout reptile rampant sur la terre. Et Dieu créa l'homme à son image ; il le créa à l'image de Dieu ; il les créa mâle et femelle, et il les bénit et il leur dit : Croissez et multipliez-vous et remplissez la terre et soumettez-la, et vous dominerez sur les poissons de la mer et sur les oiseaux des cieux et sur toute bête rampant sur la terre. Et Dieu dit : Voilà, je vous donne toute herbe portant graine qui est sur la surface de la terre, et tout arbre où il y a du fruit portant graine, et cela sera votre nourriture. Et à toute bête de la terre et à tout oiseau des cieux et à tout ce qui rampe sur la terre ayant une âme vivante, tout légume d'herbe sera un aliment. Et Dieu vit tout ce qu'il avait fait, et voilà, c'était très bien. Et il y eut soir, et il y eut matin. Sixième jour.

« Et ainsi furent achevés les cieux et la terre

et toute leur armée ; et Dieu ayant achevé le sixième jours l'ouvrage qu'il avait fait, il se reposa le septième jour de tout l'ouvrage qu'il avait fait. Et Dieu bénit le septième jour et le sanctifia, parce qu'en ce jour il se reposa de tout l'ouvrage de création qu'il avait fait. Voilà comment furent créés la terre et les cieux. »

Dans la cosmogonie élohiste qui forme le début de la Genèse, la répartition de l'œuvre créatrice, en six journées suivies d'une journée de repos semble avoir pour but de donner une consécration religieuse au repos du septième jour qui existait chez les Israélites depuis un temps immémorial, peut-être depuis leur émigration de Chaldée. Les Chaldéens avaient établi une période hebdomadaire en rapport avec les sept planètes ; pour ôter à la semaine ce caractère astronomique, tout en conservant le repos du sabbat, l'auteur élohiste répartit en six jours les huit opérations qu'il énumère, de sorte que le troisième jour et le sixième en comprennent deux. Ces six jours de la création ont fort préoccupé les Chrétiens ; on a voulu y voir des périodes géologiques ; on s'est donné une peine incroyable pour retrouver toute la science moderne dans le premier chapitre de la Genèse. On aurait pu faire le même travail avec autant de succès sur la cosmogonie de Manou, sur la théogonie d'Hésiode ou sur le début des Métamorphoses d'Ovide. Tous les peuples ont essayé d'expliquer la formation du monde en adaptant à

leurs conceptions religieuses les notions qu'ils
pouvaient avoir en physique, en astronomie et en
histoire naturelle.

Il est intéressant de comparer la cosmogonie
des Juifs à celle des autres peuples de l'antiquité,
mais on doit prendre garde de tirer de ces rap-
prochements des conclusions prématurées. On
n'admet plus la haute antiquité de la mythologie juive, mais la date des autres mythologies est
fort incertaine. J'ai fait connaître dans les leçons
précédentes de ce cours les deux cosmogonies des
Egyptiens d'après les livres hermétiques, celle
des Chaldéens d'après Béroze, celle des Grecs
d'après Hésiode, celle des Brahmanes d'après le
code de Manou, je n'ai donc pas besoin d'en
parler ici. La cosmogonie phénicienne, d'après
le peu que nous en savons par les fragments de
Sanchoniathon, semble avoir placé à l'origine du
monde un chaos c'est-à-dire un abîme ténébreux
sur lequel flottait le souffle ou l'esprit. Par la force
du désir, le chaos et l'esprit se mêlèrent et produi-
sirent la matière ou le limon, qui avait la forme
d'un œuf et qui contenait les germes de toutes
choses. Il y eut d'abord des animaux privés de
sentiment, puis des animaux pensants qui furent
appelés contemplateurs du ciel. Ils s'éveillèrent
au bruit de la foudre et les mâles s'unirent aux
femelles. Quelques traits de ce tableau confus se
retrouvent dans le premier chapitre de la Genèse. On en retrouverait d'autres dans Hésiode,
dans Béroze et même dans Manou ; nous ne sa-

vons pas à quelle époque remontait l'ouvrage phénicien de Sanchoniathon, nous n'en avons que des fragments mutilés et traduits en grec par Philon de Biblos qui travestit souvent l'original par ses explications philosophiques et ses tendances évhéméristes.

Il importe assez peu d'ailleurs que le rédacteur du premier chapitre de la Genèse ait eu sous les yeux des cosmogonies étrangères et qu'il ait emprunté quelques détails aux Phéniciens, aux Chaldéens ou aux Egyptiens ; son récit est plus simple que tous les autres, et il en a fait une œuvre originale et vraiment juive par sa façon monothéiste de concevoir l'ordre général de l'univers. Cependant Philon explique l'emploie du pluriel dans le récit de la création de l'homme en disant que les Anges y ont participé : « Après avoir dit que le reste avait été créé par Dieu, dans la seule création de l'homme, il (Moyse) montre une coopération étrangère. Dieu dit : Faisons l'homme à notre image ; ce mot *Faisons* indique la pluralité. Le Père universel s'adresse à ses Puissances et les charge de former la partie mortelle de notre âme en imitant l'art avec lequel il a formé lui-même notre partie raisonnable, car il juge bon que la faculté directrice de l'âme soit l'œuvre du chef et que ce qui doit obéir soit l'œuvre des sujets ». Cette opinion se trouve dans le Poimandrès d'Hermès Trismégiste ; l'homme typique, créé par Dieu, traverse les sept sphères, dont les gouverneurs le font participer à leur nature. La même idée est exposée par Macrobe, dans son commentaire sur le *Songe de Scipion*.

Cosmogonie iahwiste.

Si le récit élohiste de la création représente une tradition indigène, il est certain que cette tradition n'avait pas l'autorité d'un dogme, puisque les rédacteurs de la Bible ne se sont fait aucun scrupule de placer, immédiatement après, un récit tout différent et sur quelques points contradictoire. Ainsi, dans cette seconde cosmogonie, où le Créateur est désigné sous le nom d'Iahweh, la terre, au lieu d'émerger de l'océan primordial, est d'abord une surface aride, d'où s'élève ensuite un brouillard. Il n'est plus question des six jours. Au lieu d'une création progressive des plantes, des animaux et de l'homme, dernier couronnement de l'œuvre, c'est au contraire l'homme qui sort le premier du limon terrestre, non pas l'espèce humaine, les mâles et les femelles, mais un premier ancêtre, puis le jardin qui lui est donné pour demeure et les animaux qui défilent devant lui ; après quoi la femme est tirée de sa chair.

« Le jour ou le Dieu Iahweh fit la terre et les cieux, il n'y avait aucun arbuste des champs sur la terre et aucune plante des champs ne germait encore, parce que le Dieu Iahweh n'avait pas fait pleuvoir sur la terre, et qu'il n'y avait pas d'homme pour la cultiver. Alors une vapeur monta du sol et arrosa toute la surface de la terre. Et le Dieu Iahweh forma l'homme de la poussière de la terre et lui souffla dans le nez un souffle de vie, et l'homme fut une âme vivante. Et le Dieu Iahweh planta un jardin en Eden, vers l'Orient, et y mit l'homme qu'il avait formé. Et le Dieu Iahweh fit germer de la terre toutes sortes d'arbres agréables à la vue et bons pour la nourriture, et l'arbre de vie au milieu du jardin, et l'arbre de la science du bien et du mal.

« (Un fleuve sort de l'Eden pour arroser le jardin, et de là se divise en quatre bras. Le nom du premier est Pison ; il entoure toute la terre d'Hawilah, où il y a de l'or, et l'or de ce pays est excellent ; là aussi sont le bdellyum et la pierre d'onyx. Le nom du second fleuve est Gihon ; il entoure toute la terre de Coush. Le nom du troisième fleuve est le Tigre (Hiddeqel) ; il coule devant Assour. Et le quatrième fleuve est l'Euphrate).

« Et le Dieu Iahweh prit l'homme et l'établit dans le jardin de Eden pour le cultiver et le garder. Et il fit un commandement à l'homme en disant : Tu pourras manger de tous les arbres du jardin, mais de l'arbre de la science du bien et du mal, tu n'en mangeras pas, car le jour où tu mangeras, tu mourras de mort. Et le Dieu Iahweh dit : Il n'est pas bon que l'homme soit seul ; je lui ferai une aide qui lui convienne. Et le Dieu Iahweh forma de la terre tous les animaux des champs et tous les oiseaux des cieux et les amena devant l'homme pour voir comment il les nommerait ; et tous les noms que l'homme leur donnerait devaient rester leurs noms. Et l'homme donna des noms à tous les bestiaux et à tous les oiseaux des cieux et à toutes les bêtes des champs, mais pour l'homme il ne trouva pas d'aide qui lui con- vînt. Alors le Dieu Iahweh fit tomber sur l'homme un profond sommeil qui l'endormit. Et il prit une de ses côtes et en renferma la place avec de la chair ; et de la côte qu'il avait prise à l'homme il bâtit une femme et l'amena à l'homme. Et l'homme dit : Cette fois c'est os de mes os et chair de ma chair ; elle sera appelée épouse, parce qu'elle a été prise de l'époux. C'est pourquoi l'homme quittera père et mère pour s'attacher à sa femme, et ils formeront une seule chair. Et tous deux étaient nus, l'homme et la femme, et ils n'en avaient pas honte.

« Or, le serpent était le plus rusé de tous les animaux des champs que le Dieu Iahweh avait faits ; et il dit à la femme « Le Dieu a-t-il dit : Vous ne mangerez d'aucun arbre du jardin ? » Et la femme dit au serpent : « Nous mangeons des fruits des arbres du jardin, mais de l'arbre qui est au milieu du jardin, le Dieu a dit : Vous n'en mangerez pas et vous n'y toucherez pas, de peur que vous ne mouriez. » Et le serpent dit à la femme : Certainement vous ne mourrez pas, mais le Dieu sait que le jour où vous en mangerez, vos yeux seront ouverts, et vous serez comme des Dieux, sachant le bien et le mal. Et la femme vit que l'arbre était bon à manger et agréable aux yeux et désirable pour l'intelligence ; et elle prit de son fruit et en mangea, et en donna aussi à son mari qui était avec elle et il en mangea. Et les yeux de l'un et de l'autre furent ouverts et ils s'aperçurent qu'ils étaient nus ; et ils cousirent des feuilles de figuier et s'en firent des ceintures.

« Et ils entendirent le Dieu Iahweh qui se promenait dans le jardin à la fraîcheur du jour, et l'homme et sa femme se cachèrent de sa face parmi les arbres du jardin. Et le Dieu Iahweh appela l'homme et lui dit : Où es-tu ? Et il dit : Je t'ai entendu dans le jardin, et j'ai eu peur, parce que je suis nu, et je me suis caché. Et il dit : Qui t'a fait savoir que tu étais nu ? N'as-tu pas mangé de l'arbre dont je t'ai défendu de manger ? Et l'homme dit : La femme que tu m'as donnée pour compagne, c'est elle qui m'a donné du fruit de l'arbre, et j'ai mangé. Et le Dieu Iahweh dit à la femme : Pourquoi as-tu fait cela ? Et la femme dit : Le serpent m'a séduite et j'ai mangé. Et le Dieu Iahweh dit au serpent : Puisque tu as fait cela, sois maudit entre tous les animaux domestiques et toutes les bêtes sauvages. Tu marcheras sur ton ventre

et tu mangeras la poussière de la terre tous les
jours de ta vie. Et je mettrai une inimitié entre
toi et la femme, entre ta race et la sienne : elle
t'écrasera la tête et tu lui mordras le talon. A
la femme il dit : Je multiplierai les peines
de tes grossesses ; dans la douleur tu enfanteras
des fils, es tu auras besoin de ton mari et il
sera ton maître. Et à l'homme il dit : Parce que
tu as obéi à la voix de ta femme et que tu as
mangé de l'arbre dont je t'avais dit : tu n'en
mangeras pas, maudite sera la terre à cause de
toi ; dans le travail tu en tireras ta nourriture
tous les jours de ta vie, et elle te produira
l'épine et le chardon, et tu mangeras l'herbe
des champs. A la sueur de ton visage tu mangeras ton pain, jusqu'à ce que tu retournes à la
terre d'où tu as été tiré, car tu es poussière et
tu retourneras en poussière.

« Et l'homme appela sa femme Ève, car elle
a été la mère de tous les vivants. Et le Dieu
Iahweh fit à l'homme et à sa femme des habits
de peau, et il les en vêtit. Et le Dieu Iahweh
dit : Voilà que l'homme est devenu comme un
de nous, sachant le bien et le mal. Empêchons
maintenant qu'il n'étende la main pour prendre
aussi de l'arbre de vie et n'en mange et ne vive
éternellement. Et le Dieu Iahweh le chassa du
jardin de Eden pour qu'il cultivât la terre d'où
il a été pris, et il le mit dehors, et plaça à
l'orient du jardin de Eden des Kéroubs avec la

flamme de l'épée tournoyante pour garder le chemin de l'arbre de vie. »

Lorsqu'on lit les deux morceaux placés à la suite l'un de l'autre au commencement de la Bible, on se demande d'abord pourquoi le Créateur y est désigné par deux noms différents ; cette question n'a pas encore reçu de réponse satisfaisante. Quoique le nom d'Elohim soit un pluriel, le verbe est au singulier : c'est que les hébraïsants appellent un pluriel de majesté. Mais M. Havet fait remarquer que cet idiotisme même a besoin d'être expliqué. L'explication la plus naturelle, selon lui, est qu'Elohim a été à l'origine un pluriel véritable, que les Israélites ont commencé par invoquer les Dieux, et il trouve dans la Bible plusieurs traces de ce polythéisme primitif. Une des plus curieuses est précisément dans le morceau iahwiste qui vient d'être cité, quand le Dieu Iahweh dit : « Voici que l'homme est devenu *comme un de nous.* » Dans ce passage, Iahweh peut être le premier des Dieux, mais il n'est pas le Dieu unique : S'il était seul de son espèce, au lieu de dire « comme un de nous », il dirait « comme moi ».

Outre la différence des noms divins, il y en a une aussi importante dans le ton de chacun de ces récits. « Dans le premier morceau, dit M. Reuss, la notion de Dieu est des plus élevées : il parle, et aussitôt les choses existent, parfaites, comme il les a conçues et voulues.

2

Dans le second récit règne, nous ne voulons pas dire une autre conception de Dieu, mais un tout autre style : Dieu, pour créer l'homme, *prend* de la poussière, puis il *forme* sa créature, puis il lui *souffle* dans les narines le souffle vital. Il *plante* un jardin, *prend* l'homme pour l'y établir ; il *forme* aussi les bêtes et les *amène* à l'homme ; il *prend* une côte et *bâtit* la femme, après avoir *refermé* la plaie ouverte. Plus loin il se *promène* dans le jardin à la fraîcheur du soir et fait du bruit en marchant. On le voit, les anthropomorphismes abondent et sont en partie d'une naïveté telle que personne ne songe plus à les prendre à la lettre ». Ces formes d'une mythologie naïve me font croire que le morceau iahwiste, quoique placé le second, est plus ancien que le morceau élohiste, dont la forme semble indiquer un commencement de réflexion philosophique, comme le début de la Théogonie d'Hésiode, après les préambules, et comme le discours d'Isis à son fils Hôros dans les livres hermétiques.

Les prophètes juifs ne font aucune allusion à la fable du paradis perdu, ce qui peut faire croire qu'elle a été empruntée à une mythologie étrangère. Le mot Keroub, ou Chérubin, n'est pas d'origine hébraïque ; c'est le nom des taureaux ailés à tête humaine que les Assyriens et les Perses plaçaient aux portes des palais royaux. Les Grecs en ont fait les griffons, gardiens des trésors. On voit souvent, dans les bas reliefs

assyriens, des Anges barbus, coiffés d'un bon-
net à triple rang de cornes et cueillant les fruits
d'un arbre assez compliqué de forme qu'on dé-
signe habituellement sous le nom d'arbre de
vie. Quant au paradis, avec les quatre fleuves
qui l'arrosent, les uns l'ont cherché en Arménie,
près des sources du Tigre et de l'Euphrate, les
autres ont cru le reconnaître dans l'Aryana du
Zend Avesta, la première terre créée par
Ormuzd, c'est-à-dire le plateau de Pamir, d'où
s'échappent quatre grands fleuves, l'Indos,
l'Helmend, l'Oxos et l'Iaxarte ; mais le Gihon,
qui entoure l'Ethiopie, ne peut être que le Nil :
le rédacteur du second chapitre de la Genèse
donne une source commune à tous les grands
fleuves dont il a entendu parler, de même
qu'Homère fait sortir toutes les eaux douces du
fleuve Océan. La désobéissance du premier
couple humain est raconté dans un des livres
sacrés des Perses : le premier homme et la première femme, Meschia et Meschiane, avaient
été créés purs par Ormuzd, mais, séduits par
Ahriman, ils mangèrent des fruits et du lait,
coupèrent les arbres et adorèrent les mauvais
esprits. Le serpent est chez les Perses une incarnation du mauvais principe ; dans la fable
juive il n'est que le plus rusé des animaux : la
croyance au Diable est étrangère à la mythologie hébraïque. Quand le symbole chrétien de
la chute et de la rédemption se greffa sur la
fable juive d'Adam et d'Ève, le serpent devint

l'incarnation du Diable : dans les peintures chrétiennes, la mère de Dieu foule un serpent sous ses pieds.

Il y a dans les traditions grecques des symboles qu'on peut rapprocher du récit de la Bible. L'homme tiré du limon et formé à la ressemblance des Dieux, ne se trouve, à la vérité, que dans un ouvrage récent, les Métamorphoses d'Ovide, mais les deux poèmes d'Hésiode exposent la fable de Promètheus et de Pandora, qui rappelle, non par la forme, mais par le sens, la fable juive d'Adam et d'Eve. Le Titan Promètheus, père de la race humaine, est enchaîné pour avoir ravi le feu du ciel : Adam est exilé du paradis pour avoir volé le fruit de l'arbre de la science. Le Keroub qui garde la route de l'arbre de vie fait penser à Hèphaistos qui forge les chaînes de Promètheus. La curiosité d'Ève intervient dans la fable comme celle de Pandora. J'expliquerai tout à l'heure la signification morale que le christianisme a donné à la fable d'Adam et d'Ève, je n'ai à parler en ce moment que de la mythologie juive. Si on s'en tient au texte de la Bible, cette fable, comme celle de Pandora, est un tableau mythologique de la naissance de la civilisation. Le poète grec la rattache à la conquête du feu, source de toute industrie. Dès que Promètheus a ravi le feu du ciel, Zeus envoie aux hommes un mal pour compenser un bien : il charge Hèphaistos de modeler la vierge Pandora, qui représente à la fois la femme et la vie civilisée, car sans l'industrie, l'homme aurait sa femelle comme les animaux, mais la femme est une œuvre d'art. Ornée de tous les dons des Dieux, « aimant le luxe, et détestant la dure pauvreté », elle condamne l'homme au travail, et fait sortir de sa fatale amphore tous les maux inconnus à la vie sauvage : la naissance de la femme est la rançon de la conquête du feu.

La pensée du symbole biblique est la même, mais la forme est si différente qu'on ne peut, ni d'un côté ni de l'autre, supposer un emprunt. Pour les Grecs, le commencement de la civilisation c'est l'emploi du feu et le travail de l'argile plastique : pour les Juifs, c'est le labourage et l'industrie du vêtement. Dès que l'homme et la femme ont mangé du fruit défendu, ils s'aperçoivent de leur nudité et sont saisis de crainte, car cette nudité est une faiblesse et un danger. C'est aussi une laideur, car la pudeur est une forme de la honte : on voit ici le germe de la pensée gnostique que le corps est une souillure originelle. Le Dieu Iahweh condamne l'homme au travail de la terre, la femme à la sujétion et leur fait des vêtements de peau : le vêtement est pour l'homme une défense, pour la femme un voile. Cela est bien loin des Grecs, adorateurs de la beauté, qui, dans leurs statues, donnent aux Dieux et aux héros la nudité des gymnases. Le héros ne craint aucun ennemi, aucun danger ;

il n'a pas besoin de se couvrir : il laisse le vêtement aux femmes, qui en font une parure, c'est-
à-dire une amorce. Le sentiment de l'art se
traduit chez elles, comme chez les sauvages,
par le goût de la toilette, qui n'exige ni étude
ni effort. Que l'homme travaille pour nourrir
sa femme, le travail de la femme est de s'orner
elle-même. Les Dieux ont donné à Pandora le
charme du mensonge, et par un piège auquel
l'homme se laissera toujours prendre, elle se
pare d'ornements étrangers pour s'embellir.
Elle n'a d'autre souci que de renouveler sans
cesse les vêtements de peau fabriqués par
Iahweh. La sujétion lui est imposée, mais les
chaînes de son esclavage deviendront des colliers
et des bracelets, des bagues et des boucles
d'oreilles.

Pour l'auteur biblique comme pour Hésiode,
c'est la femme qui introduit le mal dans' le
monde : L'homme ne travaille que pour elle,
il ne se bat que pour elle, s'il commet une faute
ou un crime, c'est toujours à cause d'elle : « La
femme que tu m'as donnée pour compagne m'a
offert du fruit de l'arbre, et j'ai mangé ». Et le
Dieu lui dit : « Parce que tu as écouté la voix
de ta femme, la terre te produira des épines et
des ronces, et tu mangeras ton pain à la sueur
de ton front ». Mais elle, la séductrice, qui
échappe par sa faiblesse à la dure loi du travail,
elle aura besoin de protection, et un protecteur
est un maître : la famille, molécule de toute

société civilisée, aura pour base la sujétion de la femme à l'homme. La loi de l'homme est le travail, celle de la femme est la maternité ; elle enfantera dans la douleur, car la maternité est son bonheur et sa gloire, il faut bien qu'elle la paie : la douleur est la rançon de toute joie et la condition de toute vertu. Quant au serpent, l'anathème prononcé contre lui n'est qu'une explication mythique des répugnances de notre espèce contre cette bête mystérieuse qui passait dans l'antiquité et passe encore en Orient pour le type de la prudence et de la ruse. Et pourtant il n'avait pas menti, le serpent d'Eden : nous sommes comme des Dieux, connaissant le bien et le mal. Iahweh le sait, et voilà pourquoi il fait garder par une épée flamboyante la route qui mène à l'arbre de vie ; car l'homme a été créé mortel, et il doit retourner à la terre d'où il est sorti. Qu'elle lui ouvre son sein profond et qu'il y dorme d'un éternel sommeil : *requiescat in pace*. Il n'y a dans la fable juive aucune allusion à l'espérance d'une autre vie.

La chute et la rédemption.

En greffant le symbole de la chute et de la rédemption sur la fable juive du Paradis, du serpent et de la pomme, le Christianisme lui a donné une portée psychologique et morale. C'est un exemple remarquable de la souplesse de la langue mythologique, qui se prête bien mieux que la langue abstraite des philosophes à tous les développements de la pensée des peuples. Sans que la lettre change, le sens se transforme. Le Christ a dit : « Mon royaume n'est pas de ce monde ». C'est donc dans le monde intérieur, dans l'évolution de la conscience humaine, qu'il faut chercher l'explication des symboles chrétiens. Quant on se place au point de vue du Christianisme, on doit voir dans la fable du paradis perdu ce qu'il a cru y trouver lui-même, puisqu'il se l'est appropriée en la complétant. On peut appliquer à cette fable, comme à toutes les autres fables religieuses, le mot du philosophe Salluste : « Cela n'est jamais arrivé, mais c'est éternellement vrai ». Le drame de l'Eden se déroule tous les jours sous nos yeux. L'enfant, dont la conscience n'est pas éveillée, est dans le paradis, dans les limbes de la vie morale. Il ne connaît pas sa faiblesse et, comme les animaux, il ignore qu'il est nu. Il est innocent comme eux, il n'a pas à lutter, car il ne sait pas distinguer le bien du mal. Cette science, il ne peut l'acquérir que par sa première faute, et cette première faute ne peut être qu'une désobéissance : « Pourquoi te caches-tu ? Aurais-tu mangé de ce fruit dont je t'avais défendu de manger ? » L'enfant comprend qu'il a mal fait, il sait distinguer le bien du mal. C'est une chute, car il était innocent et il ne l'est plus, mais sans la chute il n'y aurait pas de rédemption.

Qu'il est loin, ce paradis de virginité pleurée où il n'y avait pas de remords ! Maintenant voilà l'homme condamné au travail, au dur travail sur soi-même, à la perpétuelle nécessité de choisir entre la passion et le devoir. Deux routes s'ouvrent devant lui, l'une mène au salut, l'autre à la perdition, l'une au ciel, l'autre à l'enfer : pourquoi repousserions-nous ces expressions mythologiques qui rendent si clairement la pensée ? Le ciel c'est la perfection morale ; on voit Dieu face à face, puisque Dieu c'est le bien absolu. L'enfer c'est la corruption définitive : à force de choisir le mal, on perd jusqu'à la notion du bien ; c'est ce que la langue mystique appelle haïr Dieu. En se faisant de l'accomplissement du devoir une telle habitude qu'on devienne incapable d'une infamie ou d'une lâcheté, on sera au-dessus de la tentation. Si nous arrivions à cette sécurité dans le bien qui nous mettrait à l'abri de la moindre faute, nous serions rachetés de l'esclavage du péché, de l'empire de la mort, car le péché est la mort de l'âme. Comment arriver à cette rédemption ? Par la lutte incessante contre soi-même, par le sacrifice de toutes nos passions égoïstes au bonheur d'autrui. Cette abnégation sans réserve unit l'homme à Dieu, c'est-à-dire au bien absolu. Subordonner toutes ses actions à la loi morale qui se révèle dans la conscience, c'est ce qu'on appelle aimer Dieu par-dessus toute chose. Le type de cette vertu suprême s'appelle l'Homme-Dieu. C'est le modèle que se proposent ceux qui prennent le nom de chrétiens ; c'est en s'élevant par un effort continu vers cette perfection idéale qu'ils entrent dans la communion des Saints et se reposent après la lutte dans la béatitude intérieure qu'on nomme le ciel.

Ce symbole si simple, l'Eden de l'enfance, le serpent des passions humaines, et la rédemption sur le Calvaire de la vie et l'ascension dans le ciel mystique de la conscience n'est qu'une traduction mythologique de la morale des Stoïciens. Mais à la fable édénique, telle que les chrétiens l'ont comprise, se rattache, de plus, l'idée d'une solidarité à travers le temps entre tous les membres de la race humaine. La désobéissance d'Adam est considérée comme ayant imprimé à ses descendants une tache qui ne peut être lavée que par le sang expiatoire. Pour les Démons d'Empédocle, pour les âmes d'Hermès Trismégiste, l'incarnation est le châtiment d'une faute commise dans une existence antérieure ; dans la fable édénique, la chute originelle est la punition injuste d'une faute commise par nos premiers parents : tous les hommes, à l'exception des Protoplastes, sont punis sans avoir péché. Mais les idées grecques sur la descente et l'ascension des âmes étaient généralement acceptées dans le monde quand le Christianisme commença à s'y répandre ; Joseph assure qu'elle avaient cours parmi les

Esséniens. Il n'était pas difficile à la Gnose chrétienne de les retrouver dans la Bible au moyen du système d'allégories mystiques inauguré par Philon : on pouvait voir dans l'Eden l'état des âmes avant l'incarnation, dans le serpent l'attrait pernicieux du désir et de la curiosité sensuelle qui attire l'âme dans la matière et la soumet à l'esclavage du péché ; les vêtements de peau faits par Iahweh pour Adam et Ève sont une allégorie du corps terrestre.

La tache originelle devient la punition, non d'une faute antérieure à la naissance, mais de la naissance elle-même. Il faut que les âmes expient l'erreur sensuelle d'avoir voulu naître et se séparer de l'unité primordiale. Séduites par l'illusion funeste de la beauté, courbées sous le joug humiliant du désir, elles savent bien que la volupté est une chute et la conception une souillure. Captives dans la prison du corps, elles cachent, sous le voile mystique de la pudeur, la honte de leur incarnation et l'impureté de leur naissance. Pourquoi te caches-tu ? Comment sais-tu que tu es nu ? Pourquoi ces rougeurs involontaires au seul nom de la volupté ? C'est la source de la vie, la base de la famille, et on rougit d'en parler, pourquoi ? c'est que la naissance des êtres est un mystère, c'est le secret des Anges Démurgiques, et le silence est la loi de toute initiation. Le chemin de l'arbre de vie est gardé par le Kéroub à l'épée flamboyante : la lumière souillerait ce qui appartient à la nuit. Saint Paul ordonne aux femmes de se voiler à cause des Anges, car la beauté des filles de Caïn a séduit les Egrégores et causé la damnation du monde. De là est sortie la race carnassière des Géants, et toute chair ayant corrompu sa voie, il a fallu noyer la terre dans les eaux du déluge.

Les chrétiens gnostiques essayaient d'expliquer l'origine du mal sous son double aspect, la douleur et le péché. La question du mal physique est bien autrement difficile que celle du mal moral. Ce qui accuse la Providence, ce n'est pas le péché, puisqu'il est notre œuvre ; ce n'est même pas la douleur de l'homme, qui n'est qu'une épreuve nécessaire pour exercer son courage, comme l'ont si bien dit les Stoïciens : c'est la douleur des êtres inconscients et impeccables, des animaux et des enfants. Avant qu'il y eût des hommes sur la terre, la vie s'entretenait comme aujourd'hui par une série de meurtres : il y avait des dents aiguës et des griffes acérées qui s'enfonçaient dans les chairs saignantes ; qui osera dire que cela est bien ? Avec une hardiesse de pensée qui n'a pas été égalée, si ce n'est peut-être par le Bouddhisme, les grandes écoles de la Gnose cherchèrent la source du mal dans la création du monde matériel : puisque ce monde est mauvais, le Démiurge ne peut être bon ; ce n'est qu'une puissance subalterne et maladroite, très inférieure au Dieu du monde moral, qui est le Bien.

Au-dessus des planètes, au-dessus même de
la sphère des étoiles fixes, s'étend le monde des
idées pures, des types absolus, des lois éternelles : voilà l'œuvre du Dieu souverain ; elle
est digne de sa sagesse. Mais les puissances
démiurgiques ont voulu imiter, en l'appliquant
à la matière, l'ordre merveilleux du monde
idéal. Le mal est le fruit de leur imprudence
et de leur orgueil, car la matière est corrupti-
ble, et la mort devait sortir de cette pourriture.
L'individuation implique l'égoïsme, le combat
de chacun contre tous. Aussi, la vie terrestre
n'est-elle qu'une mort perpétuelle ; toutes les
espèces vivantes sont condamnées à se dévorer
les unes les autres. L'homme est, à la vérité,
supérieur à son créateur, car il connaît la loi
de justice, depuis que la Sagesse divine a dé-
posé en lui un rayon des lumières d'en haut,
la conscience ; cependant, par sa chair, il est
soumis à la douleur, au désir, à l'esclavage du
péché, à la corruption et à la mort. Mais le
Christ est venu combattre les puissances cos-
miques, et leur chef, le prince de ce monde
Κοσμοκράτωρ ; sa victoire les précipitera dans
l'abîme, la matière incorrigible rentrera au
néant d'où elle n'aurait pas dû sortir, et les
âmes purifiées monteront avec leur Sauveur
vers le Père inconnu.

La Gnose aboutit logiquement au Dualisme
manichéen, qui est une forme de la religion
mazdéenne : le Créateur, si son œuvre est mau-

vaise, ne peut être que le Diable, souvent désigné dans l'Evangile sous le nom de Prince du
monde. Accepter cette doctrine incompatible
avec le Monothéisme, c'était renoncer à s'ap-
puyer sur la Bible, qui ne connaît d'autre Dieu
que le Créateur. Le Christianisme voulait être
le couronnement de la religion juive et non sa
négation. Dans l'embryogénie religieuse, la
Gnose joua le rôle du cordon ombilical, qui
alimente le fœtus pendant la gestation et qu'on
supprime après la naissance. Toute la mythologie gnostique, avec sa riche floraison de fables
disparut au souffle desséchant de l'orthodoxie,
comme les fleurs d'avril aux premières giboulées.
La grande assemblée, l'Eglise, écarta le problème
du mal physique, de la douleur, par ce qu'on appelle en politique la question préalable. Sur la
question du mal moral, elle admit le péché ori-
ginel, c'est-à-dire l'hérédité du vice, qui est un
fait physiologique, sans essayer de le concilier
avec la justice divine : la conception est une
souillure dont une seule créature est exempte, la
mère du Sauveur ; elle est seule immaculée. Au
lieu de résoudre le problème de l'atavisme on
l'élude par la cérémonie du baptême, premier
acte de l'initiation chrétienne : si l'enfant a
reçu avec le sang quelque instinct mauvais, héri-
tage de ses parents ou de ses ancêtres, que cette
tache originelle soit lavée ; une éducation morale
et religieuse triomphera de l'hérédité du mal.
C'est ce qu'exprime symboliquement l'eau lus-

trale du baptême versée sur la tête de l'enfant.

Il ne s'agit pas de savoir si l'atavisme et l'hérédité sont justes, ce sont des faits. Il y a des exceptions à cette loi physiologique, soit ; cependant vous ne donneriez pas votre fille au fils d'un assassin ou d'un traître ; vous n'aimeriez pas voir votre fils épouser la fille d'une femme de mauvaise vie. « Si le châtiment n'atteint pas le coupable, dit le Code de Manou, c'est à ses enfants, qu'est réservée la peine ; si ce n'est à ses enfants, c'est à ses petits-fils, mais certes l'iniquité commise n'est jamais sans fruit pour son auteur ». Il y a dans le monde moral une loi d'équilibre : il faut que tout crime soit expié, que toute dette soit payée. Mais un fils peut acquitter la dette de son père, un ami celle de son ami ; s'il y a une solidarité dans le mal, pourquoi n'y en aurait-il pas une aussi dans le bien ? Dans les familles, qui sont des unités collectives, comme les madrépores, il faut que les plus forts soutiennent les plus faibles, relèvent ceux qui tombent et les aident à porter un fardeau trop lourd. J'ai connu une jeune fille riche et belle qui, pour expier un crime qu'elle savait avoir été commis par son père, s'est condamnée à une vie d'austérités ascétiques et d'active charité : par l'expiation volontaire d'une faute qui n'était pas la sienne, cette âme pure abritait une âme souillée dans un pan de sa robe blanche.

Il y a aussi une solidarité entre tous les

membres de la grande famille humaine. Les
iniquités sociales sont collectives, chacun de
ceux qui en profitent doit avoir sa part d'expiation, « un câble entrera plus facilement dans
le trou d'une aiguille qu'un riche dans le
royaume de Dieu ». Pourtant il y a des âmes
immaculées ; il y a des justes qui n'ont pas
un souvenir mauvais, pas une Erinnys qui les
accuse. Ils sont bien rares, mais il y en a.
Ils n'ont rien à expier, mais il faut qu'ils
souffrent pour les autres, puisqu'ils sont plus
forts. Ils porteront le poids des péchés de
leurs frères : ainsi l'équilibre sera rétabli, l'éternelle justice sera satisfaite Tel est le sens du
grand Symbole chrétien de la Rédemption,
dont les origines remontent aux plus anciennes
traditions mythologiques. Soma chez les Aryas
de l'Inde, Dionysos chez les Grecs, représen-
taient l'idée d'un Dieu qui s'offre en holocauste
pour le salut des hommes. Le dernier né des
races divines, l'Homme-Dieu, précise le caractère moral de ce sacrifice expiatoire. Il est
l'agneau sans tache qui lave dans son sang les
souillures du monde ; par ses souffrances et par
sa mort, il rachète le genre humain de la damnation éternelle.

Le ciel et l'enfer.

Entre les deux pôles de la vie morale, la perfection absolue et la corruption définitive, le

salut et la damnation, ou, comme dit la mythologie chrétienne, le Ciel et l'Enfer, il y a place
pour le repentir et l'épuration de l'âme par le
châtiment. C'est le châtiment qui réveille les
consciences endormies : le coupable y a droit,
car ayant la raison pour l'éclairer, il est suscep-
tible d'amélioration. La grandeur de la peine lui
fera comprendre l'énormité du crime ; la peine
élève et purifie, et c'est pour cela que les Grecs
nommaient les Déesses du remords et du châtiment les Bienveillantes. Dans le Dualisme
iranien, il y a pour les plus grands crimes une
amnistie finale ; le mauvais principe lui-même,
Ahriman, se repentira et sera pardonné à la fin
des temps. Sans généraliser ainsi la clémence et
sans admettre le pardon des Diables, qui ne sont
que la personnification des vices, le christianisme laisse à l'âme coupable un espoir d'amnistie dans la doctrine du purgatoire. Mais, de
même que les Sadducéens rejetaient la résur-
rection dont ils ne trouvaient pas de trace dans
leurs livres sacrés, les églises protestantes,
enchaînées par le silence des textes, rejettent
la croyance au purgatoire, tandis que l'église
catholique l'accepte, sans toutefois abandonner
l'éternité de l'enfer. La conscience publique a
souvent protesté contre le dogme implacable des
peines éternelles, qui semble un outrage à la
pitié. Peut-être saisirait-on mieux cette théorie
de l'irréparable si on la dépouillait de sa forme
mythologique et si on lui en donnait une autre

mieux appropriée aux habitudes de l'esprit moderne. Essayons :

Un homme a commis un crime cette nuit, sous le regard des étoiles. Elles sont si loin qu'elles ne l'ont pas vu encore ; mais dans un siècle, dans deux siècles, dans trois siècles, leurs rayons, échelonnés dans l'indéfini du ciel, éclaireront le meurtre. Ce qui est passé sera toujours présent quelque part ; s'il y a là haut, n'importe où, dans une planète inconnue, un œil ouvert, un télescope braqué, (et pourquoi pas ?) il y aura là une voix, qui sera la voix de la conscience éternelle et qui dira : oh ! l'assassin ! A toute heure, à jamais, l'écho de cette voix sera répercuté dans l'espace. Il y a des astres dont la lumière met trois mille ans à nous parvenir : pour eux, l'heure du crime sera dans trois mille ans l'heure présente. Le meurtrier s'est corrigé, il est devenu un saint ; mais quand ces juges lointains donneront leurs suffrages, il ne sera pour eux qu'un meurtrier. Le sang répandu ne rentre pas dans les veines, et aucun Dieu ne peut faire que ce qui est arrivé ne soit pas arrivé. Toute action coupable, injustice, violence, lâcheté ou trahison, une femme séduite, un enfant abandonné, un mauvais conseil, un mauvais exemple, entraîne dans la voie du mal des âmes qui, sans cela, auraient pu tourner au bien. Elles en corrompront d'autres à leur tour, et indéfiniment se prolongera la chaîne maudite : malheur donc au

premier anneau ! L'homme demande à ses reli-
gions des eaux lustrales pour laver les souillures.

> Ah ! nimium faciles qui tristia crimina cædis
> Fluminea tolli posse putetis aqua !

Si le repentir efface la faute, le pardon peut-il
s'étendre à tous ceux que le criminel a entrainés
dans le crime? Que répondra-t-il quand il verra
passer des ombres qui l'accuseront devant l'éternelle Justice ? *Quid sum miser tunc dicturus,
quem patronum rogaturus? Dies iræ dies illa.*
Contre les arrêts de la loi morale, il n'y a pas
de prescription, la revendication est éternelle,
comme dit la Loi des douze tables, *æterna auc-
toritas esto.*

Saint-Amand (Cher.) — Imprimerie DESTENAY

www.ingramcontent.com/pod-product-compliance
Lightning Source LLC
Chambersburg PA
CBHW061116050726
47594CB00005B/1961